Abd El Mouméne Zerari

Volume d'ombre avec multiple source de lumières

Abd El Mouméne Zerari

Volume d'ombre avec multiple source de lumières

Éditions universitaires européennes

Impressum / Mentions légales

Bibliografische Information der Deutschen Nationalbibliothek: Die Deutsche Nationalbibliothek verzeichnet diese Publikation in der Deutschen Nationalbibliografie; detaillierte bibliografische Daten sind im Internet über http://dnb.d-nb.de abrufbar.

Information bibliographique publiée par la Deutsche Nationalbibliothek: La Deutsche Nationalbibliothek inscrit cette publication à la Deutsche Nationalbibliografie; des données bibliographiques détaillées sont disponibles sur internet à l'adresse http://dnb.d-nb.de.

Coverbild / Photo de couverture: www.ingimage.com

Verlag / Editeur:
Éditions universitaires européennes
ist ein Imprint der / est une marque déposée de
OmniScriptum GmbH & Co. KG
Heinrich-Böcking-Str. 6-8, 66121 Saarbrücken, Deutschland / Allemagne
Email: info@editions-ue.com

Herstellung: siehe letzte Seite /
Impression: voir la dernière page
ISBN: 978-3-8416-7515-6

Volume d'ombre avec multiple source de lumières

L'auteur : Zerari Abd El Mouméne

Chapitre 02. Réalisation d'une application de rendu des volumes d'ombres avec multiple source lumineuse

Chapitre 03. Résultats, Bilan et perspectives

Introduction générale

De nos jours, l'imagerie en trois dimensions est de plus en plus présente dans notre quotidien. Que ce soit de la simple affiche publicitaire au film d'animation, ces images s'insinuent sur nos écrans, dans nos rues et sur nos murs. Pourtant l'informatique graphique est une science moderne dont les débuts datent de moins de 40 ans. L'avènement de nouveaux médias tels que des jeux vidéos ou d'Internet a permis de développer ce domaine dont le but, aujourd'hui, est d'obtenir des images photoréalismes afin d'immerger un spectateur dans un monde virtuel. Le réalisme obtenu est grandissant, surprenant, et il n'est pas souvent aisé de distinguer la réalité de la virtualité.

L'image est ainsi un moyen de communication universel dont la richesse du contenu permet aux êtres humains, de tout âge et de toute culture, elle est utilisée, dans tous les domaines, comme un moyen pour exprimer quelques réalités et présenter quelques informations.

Le rendu des ombres et spécifiquement les volumes d'ombre est un véritable défi pour les infographistes car il s'agit d'une part à reproduire fidèlement tous les phénomènes qui lui sont associés.

Notre travail concerne l'étude du rendu des volumes d'ombre avec multiple source de lumières, cette problématique intéresse de plus en plus les domaines tels que, les jeux vidéo, et les films 3D.

Nous nous intéresserons ainsi au volume d'ombre où nous allons décrire dans le premier chapitre le rendu des ombres et particulièrement le rendu des volumes d'ombre.

Le chapitre deux sera consacré à la présentation de la conception et la réalisation de notre système, qui permettra l'habillage, l'illumination et le rendu des volumes d'ombre avec multiple source de lumières. Enfin nous terminerons par exposer nos résultats, et nos perspectives.

Chapitre 1

Volume d'ombre en synthèse d'image

1. Introduction

Le domaine de la synthèse d'image s'intéresse aussi d'assez près aux ombres. Les énormes progrès accomplis ces dernières années dans la création d'images synthétiques permettent d'obtenir des images de plus en plus réalistes. Les ombres présentent dans ce cadre ont des critères permettant d'évaluer la qualité d'une image synthétique.

Dans ce cadre de la synthèse d'images en général, des méthodes plus spécifiques permettant de traiter les ombres ont récemment vu le jour. En effet, les incessants progrès matériels combinés aux dernières techniques de synthèse d'images permettent aujourd'hui la création d'images de très grande qualité. Cependant cela aussi engendré une demande de plus en plus exigeante sur ces images, au niveau de la qualité bien sûr mais aussi au niveau des temps de calcul. Or, la création d'images réalistes impose encore des coûts de calcul et de stockage des données très importants. C'est pourquoi des travaux sont effectués afin de diminuer les coûts de calcul de ces simulations et d'obtenir une bonne maîtrise des coûts de stockage. Dans les scènes dynamiques qui autorisent le déplacement des objets de la scène, le critère temps est notamment un critère fondamental.

2. Génération d'ombre

La plupart des algorithmes de production d'ombres portées ont de sévères limitations sauf le lancer de rayons qui est une technique elle-même coûteuse en temps CPU. D'après Daniel Thalmann [11] les techniques de production d'ombres portées sont classées en quatre catégories:

- Techniques traditionnelles ; les deux principaux algorithmes sont ceux de Nishita et Nakamae (1974) et de Atherton et al. (1978).
- La technique des volumes d'ombres introduite par Crow (1977) [5].
- Les techniques basées sur un algorithme de mémoire de profondeur (Shadow Maps); les

deux principaux algorithmes sont ceux de Williams (1978) et de Brotman et Badler(1984) [12].

- La technique de lancer de rayons.

2 .1. Qu'est-ce qu'il ombre?

Une ombre est une zone 3D où la lumière est bloquée par un objet inséré entre la source de lumière et la surface sur laquelle elle se réfléchit. Les ombres sont utiles à la visualisation d'une image, car elles apportent de l'information sur la forme, la position et les caractéristiques d'un objet, ainsi que sur la position, intensité et taille des lumières. La figure 1.1 illustre ce propos : Sur le rendu 1.1(a), il est difficile de situer les sphères par rapport au plan, tandis que le rendu 1.1(b) montre clairement que la sphère du bas est quasiment collée sur le plan.

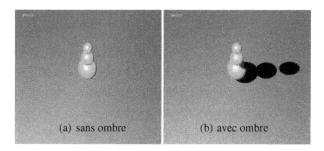

Figure1.1 : Une scène rendue avec ou sans ombre

2 .2. Type des ombres :

Il existe deux types d'ombres :

- Les ombres dites dures : « binaires », un pixel est soit illumine, soit dans l'ombre (Figure1.2.a).
- Les ombres dites douces : présence de pénombre, zone de transition entre une zone éclairée et une zone ombrée (Figure1.2.b).

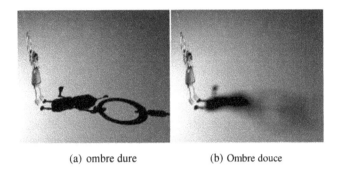

(a) ombre dure   (b) Ombre douce

Figure1.2 : Types d'ombres

2 .3. Comment générer les ombres ?

Le calcul d'ombre dans une application d'infographie est une tâche très coûteuse en temps de calcul. Cela dépend de la méthode de rendu, l'algorithme d'ombre utilisé, le matériel disponible, la qualité de l'ombre, et la complexité de la scène. La génération d'une image ombragée peut être une tâche très longue, elle peut prendre plusieurs millisecondes jusqu'à plusieurs minutes ou même heures. Le matériel d'aujourd'hui est capable de rendre diverses techniques de génération d'ombre en temps réel [9]. L'ombre en temps réel est un vrai défi en infographie, et il n'y a aucune solution générale qui peut être appliquée sur n'importe quelle scène [9].

Les méthodes pour générées les ombres telles que : le lancer de rayons et la radiosité ne sont pas adapté au temps réel , car elles sont très coûteuses en temps de calcul. Mais les méthodes pour générées les ombres comme le Shadow map (basée image) et Shadow volume (basée objet) qui est l'objectif de notre travail sont adapté au temps réel.

2 .3.1. Shadow Map

Décrit par Williams [12], La méthode dite de Shadow Mapping consiste à rendre la scène une première fois depuis la source de lumière avec le Z-Buffer activé. Dans le Z-Buffer (Shadow Map) est alors enregistrée la position relative des points les plus proches de la source de lumière (Figure1.3). Afin d'obtenir le rendu avec les ombres, la scène est rendue une deuxième fois, mais cette fois-ci depuis le point de vue de la caméra. Au fur et à mesure du rendu chaque point est comparé au Shadow Map, si le point est alors plus éloigné de la source de lumière que sa valeur dans le Shadow Map ce point est dans l'ombre, autrement non.

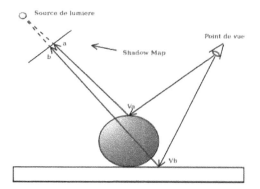

Figure1.3 :Représentation général d'un Shadow map

Le problème majeur de l'algorithme est la possibilité qu'un aliassage très visible apparaisse au niveau des contours des ombres.

2.3.2. Shadow volume

Proposée par Crow [5],Cette technique consiste à étendre des lignes depuis la source de lumière en passant par les points d'une face formant ainsi une pyramide infinie (Figure1.4).

La pyramide est donc tronquée par cette face. Ce qui se trouve en dessous de cette face et entre les lignes dont nous parlions précédemment constitue le Shadow Volume. Tous points à l'intérieur de ce Shadow Volume est un point ombré par l'objet d'où est issue le Shadow Volume.

Pour déterminer si un point P ce trouve ou non à l'intérieur d'un Shadow Volume, nous traçons une demi-droite partant de P et passant par le point de vue de l'observateur. Pour tous les points où la demi-droite intersectéune face avant d'un Shadow Volume (dont la normale serait orientée vers l'observateur), nous incrémentons un compteur correspondant à ce point. Pour tous les points où la demi-droite intersecté une face arrière du Shadow Volume, nous décrémentons ce compteur. A l'issue de cette phase, si notre compteur est différent de 0, alors P est ombré, sinon P ne l'est pas. Nous réitérons cette procédure pour chaque point visible de la scène.

Dans la pratique, chaque point visible de la scène peut être assimilé à un pixel à l'écran, et il est courant de gérer ce système de compteurs par l'intermédiaire du Stencil Buffer. Tester l'intersection des demi-droites par des moyens purement géométriques est en effet fastidieux.

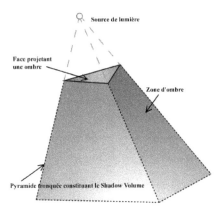

Figure1.4 : Représentation général d'un Shadow Volume

2.4. Bilan

Nous présentons dans ce qui suit une synthèse des travaux présentés dans la partie précédente, en mentionnant leurs catégories communes, leurs avantages et leurs limites dans le tableau suivant :

	Shadow map	Shadow volume
Avantages	• Très simple à implémenter, code Compact. • Marche toujours avec n'importe quelle scène (image texture). • Prix indépendant de la complexité de la scène.	• Traite les sources omni – directionnelles. • Plus grande précision des ombres. • Traite les cas d'auto –ombrage. • Positions quelconques lumière/caméra. • Robuste si bien programmé • pas d'aliassage.

Inconvénients	• Deux (trois) rendus de la scène • Problème d'aliassage.	• Temps de calcul dépend de la complexité des occultant (calcul de la silhouette, extrusion). • Création de gros polygones (extrusion) ->diminue le fillrate de la carte graphique. • Calcul de la silhouette (sur CPU très long). • Des modèles polygonales fermés (Scènes bien modélisées préférables)

3. Rendu de volume d'ombre

3.1. Algorithme général

Le principe de shadow volume est de détecter la silhouette d'un objet depuis le point de vue d'une source de lumière et de projeter cette silhouette dans la direction formée par le vecteur entre la lumière et l'objet. La projection de la silhouette formera le volume d'ombre.

L'algorithme que l'on retient se divise en trois parties:

1. Un premier rendu de la scène n'utilisant que la lumière ambiante;

2. Une phase de détermination des ombres, qui permet de savoir quelle partie de la scène sera ombrée;

3. Une phase d'illumination des parties non ombrées

3.2. Comment calcule de volume d'ombre?

3.2.1. Trouver la silhouette

La détection de silhouette est une étape principale pour le rendu de volume d'ombre, pour construire les volumes d'ombre il faut :trouver la silhouette des objets vus depuis la source, puis construire des quadrilatères infinis (extrusion de la silhouette) s'appuyant : sur la source et sur chaque arête de silhouette, puis compter les entrées/sorties en utilisant le stencil-buffer. Dans le rendu réaliste les silhouettes sont employées pour simplifier le calcul d'ombre.

3.2.2. Silhouette pour le calcul d'ombre

La silhouette dépend de la position de la lumière, c'est -à-dire que la silhouette est vue par rapport à la source de lumière. La silhouette consiste à trouver le contour des objets vus depuis la source de lumière, en se basant sur les données géométriques de ceux-ci.

Soit **E** le vecteur qui représente la direction de la lumière, et **N** le vecteur normal à un point de la surface. Une arête silhouette est une arête où un triangle face avant et un triangle face arrière partagent la même arête. (Figure 1.5).

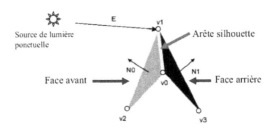

Figure 1.5 : Les arêtes silhouettes

Suivant les indications de la figure 1.5 : le triangle (v0, v1, v2) et le triangle (v0,v3,v1) partagent la même arête (v0,v1). Nous pouvons voir que le triangle (v0,v1,v2) est un triangle face avant et le triangle (v0,v3,v1) est un triangle face arrière par rapport à la source de lumière, ainsi l'arête (v0,v1) est une arête de silhouette.

L'algorithme qui calcule si le triangle est une face avant ou pas est:

Etant donné un point de vue et un triangle (v0,v1,v2).

1. Calculer la normale du triangle (v0, v1, v2).

     N = cross (v1-v0, v2-v1)   /* cross :Le produit vectoriel */

2. Calculer le vecteur de vue E.

     E = v0 – eye /* eye : Point de vue */

3. 3. If dot(E, N) <0   /* dot : Le produit scalaire */

     Triangle (v0, v1, v2) est en face avant

     Else

     Triangle (v0, v1, v2) est en face arrière.

Il existe deux techniques de base pour dessiner ces volumes d'ombre dans le Stencil-Buffer. Elles sont connues sous les noms de Z-Pass et Z-Fail.

3.2.3. Technique de Z-pass

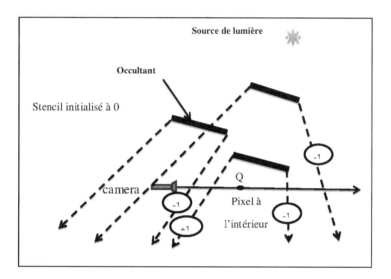

Figure 1.6 : Méthode Z-pass, la caméra dans le volume d'ombre

Déroulement de la technique Z-Pass

La scène est rendue de la façon suivante :

- L'ensemble de la scène est dessine dans le Frame-Buffer en utilisant uniquement la lumière ambiante. Pour chaque pixel, la profondeur associée au point correspondant est stockée dans le Z-Buffer.
- Le Stencil-Buffer est initialisé à 0. Les mises à jour du Z-Buffer et du tampon de couleur sont désactivées.
- Les faces avant des volumes d'ombre sont dessinees. Quand un point d'une face avant d'un volume d'ombre passe le test de profondeur, nous incrémentons le compteur du pixel correspondant, dans le Stencil -Buffer.
- Les faces arrière des volumes d'ombre sont dessinées. Quand un point d'une face arriere d'un volume d'ombre passe le test de profondeur, nous décrémentons le compteur du pixel correspondant, dans le Stencil -Buffer.

- La scène est à nouveau dessinée vers le Frame-Buffer, mais seulement aux endroits où le Stencil-Buffer est à 0. Seul les composantes diffuses et speculaires de la lumiere sont activées. Ce rendu s'effectue sur le rendu del'etape 1, et a pour but d'illuminer les parties non ombrées de la scène .

Cette technique permet un rendu de scène avec de multiple sources de lumières mais a pour inconvénient le fait qu'elle ne produit pas de bon résultat lorsque l'observateur (caméra) se trouve dans une zone d'ombre (figure 1.6), la valeur du stencil du pixel Q est -1+1= 0, signifie que Q est en dehors de l'ombre, mais en réalité il est à l'intérieur de l'ombre.

La première technique (Z-Pass) présente quelques défauts (la caméra dans le volume d'ombre) dont la correction est faite par la deuxième technique appelée Z-Fail.

3.2.4.   La technique Z-Fail

Elle consiste en un test de stencil différent: l'incrémentation et la décrémentation du tampon de stencil n'est effectué qu'en cas d'échec du test de profondeur, d'où son nom " Z-Fail ". Cette méthode d'ombrage est dite robuste car elle est utilisable quelle que soit la position de la caméra ou de la lumière, que ce soit pour une scène en intérieur ou en extérieure, et cette technique est plus connu sous le nom de (Carmack's Reverse)[3].

Déroulement de la technique Z-Fail

- **1^{ère}étape** : On affiche notre scène dans son intégralité mais sans ombre. Cet Affichage met à jour le tampon de profondeur qui sera utilisé dans l'étape 3.
- **2^{ème}étape** : On désactive la mise à jour du tampon de profondeur et du tampon de couleur. On active le tampon de stencil avec une fonction de comparaison qui laisse passer tous les fragments.
- **3^{ème}étape**: On affiche le volume d'ombre crée par les objets éclairés en deux passes :
  - Lors de la 1ère passe, on affiche les faces arrière du volume d'ombre en incrémentant le stencil-buffer lorsque le test de stencil échoue.
  - Lors de la 2ème passe, on affiche les faces avant du volume d'ombre en décrémentant le stencil-buffer lorsque le test de stencil échoue.
  - Une fois ce rendu effectué, seul les zones d'ombres de la scène ont une valeur différente de la valeur de référence dans le tampon de stencil.
- **4ème étape** : Comme dans la méthode classique, on réactive le tampon de couleur. On affiche un rectangle semi-transparent qui couvre la totalité de l'écran par-dessus notre scène. Ce rectangle est de la couleur de l'ombre. On affiche tous les pixels du rectangle où

la valeur de stencil est différente de la valeur de référence c'est-à-dire les parties non ombrés.

Dans la figure 1.7 partant de l'infinie jusqu'au pixel Q, la valeur du stencil du pixel Q est : +1+1= +2, signifie que Q est dans l'ombre. Dans ce cas le résultat est correct.

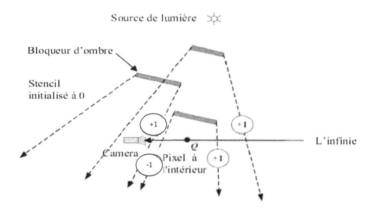

Figure 1.7 : Méthode Z-Fail, la caméra dans le volume d'ombre.

3.3. Utilisation du GPU

3.3.1. Optimisation le STENCIL BUFFER

Récemment, de nombreux travaux ont tenté avec succès d'améliorer la méthode des volumes d'ombre. Lloyd et al. [7] proposent une technique pour réduire le taux de remplissage (fill-rate) nécessaire au dessin des volumes d'ombre en rejetant ceux qui n'ont pas d'influence sur le résultat final, et en les coupant (clipping) pour ne garder que la partie des volumes nécessaire au calcul correct des pixels ombrés, Aila et Akenine-Möller[1] utilisent une méthode hiérarchique qui ne dessine les volumes d'ombre que sur les bords de l'ombre. De manière similaire, Chan et Durand[4] réduisent le taux de remplissage (fill-rate) en utilisant d'abord une carte d'ombre (shadow map) pour déterminer l'ensemble des pixels se trouvant proches du bord de l'ombre, où une plus grande précision est requise. Cet ensemble de pixels est alors utilisé comme un masque, qui indique les pixels devant être modifiés lors du dessin des volumes d'ombre. Enfin, Aldridge et Woods [2] proposent une méthode robuste pour produire des ombres correctes pour des objets non-manifold (qui ne possède pas un volume interne, comme par exemple un plan) .

3.3.2. Extension OPENGL

Les cartes graphiques récentes de NVIDIA implémentent des extensions OpenGL permettant d'accélérer le rendu. GL_EXT_stencil_two_side permet de ne rendre les faces avant et arrière une seule fois dans le stencil buffer. GL_EXT_stencil_wrap évite la saturation du stencil buffer

3.3.3. SHADER

Un shader est un programme informatique, utilisé en image de synthèse, pour paramétrer une partie du processus de rendu réalisé par une carte graphique ou un moteur de rendu logiciel. Ils peuvent permettre de décrire l'absorption et la diffusion de la lumière, la texture à utiliser, les réflexions et réfractions, l'ombrage, le déplacement de primitives . Par la conception même du processus de rendu, les shaders sont les candidats idéaux pour une exécution parallèle par le processeur graphique d'une carte graphique.

Les shaders sont flexibles et efficaces : des surfaces apparemment compliquées peuvent être rendues à partir de géométrie simple. Par exemple, un shader peut être utilisé pour générer un carrelage en céramique à partir de la simple description d'un plan.

Un shader est simplement un programme exécuté non pas par le processeur mais par la carte graphique. Il en existe deux types (enfin 3 mais seuls 2 sont réellement importants) :

3.3.3.1. Type de SHADER

Vertex Shader : C'est l'étape qui va nous permettre soit de valider les coordonnées de nos sommets, soit de les modifier. Cette étape prend un vertex à part pour travailler dessus. S'il y a 3 vertices (pour un triangle) alors le vertex shader sera exécuté 3 fois.

Fragment Shader : (parfois appelé Pixel Shader) : C'est l'étape qui va définir la couleur de chaque pixel de la forme délimitée par les vertices. Par exemple, si vous avez défini un rectangle de 100 pixels par 50 pixels, alors le fragment shader se chargera de définir la couleur des 5000 pixels composant le rectangle.

4. Conclusion

Nous avons présenté dans ce chapitre les volumes d'ombre en synthèse d'image, notre objectif principal est d'une part de faire un bilan et d'avoir une idée précise sur les techniques de génération des ombres portées. Le point commun entre tous ces travaux consiste en l'utilisation de la technique Z -Fail pour rendre les volumes d'ombre.

Chapitre 2

Réalisation d'une application de rendu des volumes d'ombre avec multiple source lumineuses

1. Introduction et objectifs de l'application

Dans ce chapitre, nous allons présenter l'essentiel de notre travail, pour cela nous allons commencer par définir les objectifs à atteindre, puis nous exposons les étapes de conception et de réalisation de notre projet.

La phase de conception est la phase la plus importante pour pouvoir développer une bonne application, elle a pour objectif de définir les différents composants de l'application qui coopèrent ensembles à la réalisation des fonctionnalités souhaitées.

La phase de mise en œuvre a pour objectif de décrire les étapes d'implémentation de notre application, elle va vous permettre de détailler les différentes structures de données utilisées et les algorithmes nécessaires pour la réalisation de notre application.

Notre projet a pour but de rendre des volumes d'ombre avec multiples source lumineuses. Pour atteindre cet objectif, nous avons conçu un modèle permettant de décomposer l'application en plusieurs modules, chaque module est pris comme une boite noire, avec association des entrées/sorties convenables.

Les principaux objectifs auxquels doit répondre notre application sont:

- Chargement des modèles 3D.
- Les transformations géométriques (outils de manipulation).
- Le rendu des volumes d'ombre
- L'éclairement, affichage des ombres avec multiple source de lumières et l'affichage final.

2. Conception de l'application

2.1. Chargement des modèles 3D.

Dans notre travail nous avons choisi le modèle MD2 parce que c'est un modèle assez simple pour charger des modèles en 3D depuis un fichier. Les modèles MD2 sont les modèles composés : de données géométriques, d'animations par frame et de « commandes OpenGL»[6]. Les données géométriques sont les triangles et les sommets du modèle, ainsi que leurs coordonnées de texture. C'est pour ça aussi que ce format est simple. Chaque frame contient toutes les données géométriques du modèle (triangles, etc.) dans une certaine position. Donc en réalité, un modèle MD2 est composé d'une multitude de modèles qui sont affichés successivement et rapidement on lui donnant un effet d'animation.

2.2. Initialisation de la scène

Pour initialiser la scène nous commençons par le chargement des objets 3D (Modèle MD2) et activer leurs package de texture, puis on active les shaders comme décrit dans le schéma suivant :

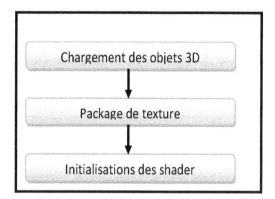

Figure 2.1 : Initialisation de la scène

2.3. Plaquage de texture

Le plaquage de texture dans notre application permet d'ajouter un niveau de réalisme supplémentaire sur les volumes d'ombre 3D. Nous avons essayé d'intégrer les fonctions de plaquage de texture avec le suivi des étapes suivantes :

- Choix de texture.

- Chargement de l'image de texture.
- Initialisation des paramètres de textures.
- Plaquage de l'image.
- Affichage avec texture.

Le schéma suivant illustre le processus de plaquage de texture :

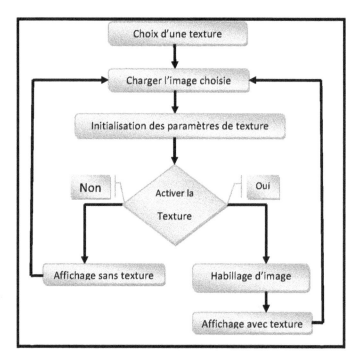

Figure 2.2: Plaquage de texture

2.4. Activation des shaders.

L'activation des shaders consiste à les utiliser afin de détecter les arêtes silhouettes entre les triangles formant les mailles des objets 3D, et de les extruder en créant les volumes d'ombre.

2.5. Premier rendu de la scène

Le premier rendu consiste à rendre la scène dans son intégrité avec uniquement la lumière ambiante et sans ombres, et à initialiser la valeur du Stencil-Buffer à zéro.

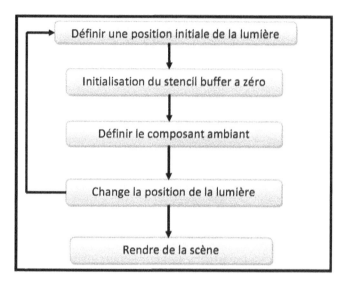

Figure 2.3.Premier rendu de volume d'ombre

2.6. Deuxième rendu de la scène

Concernant l'implémentation du rendu des volumes d'ombre, nous utilisons la technique Z-Fail pour décréter les parties ombrées, et nous nous s'intéressons à l'initialisation du Stencil-Buffer.

Nous désactivons la mise à jour du tampon de profondeur et du tampon de couleur. Nous activons le tampon de stencil avec une fonction de comparaison qui laisse passer tous les fragments.

On affiche le volume d'ombre crée par les objets éclaires, puis nous affichons les faces avants et arrières une seule fois (un seul passage de rendu grâce à l'extension GL_STENCIL_TEST_TWO_SIDE_EXT au lieu de deux passages de rendu) dans le Stencil-Buffer. Lors du 1er passage, on affiche les faces arrière du volume d'ombre en incrémentant le stencil buffer lorsque le test de stencil échoue. Lors du la 2ème passage, on affiche les faces avants du volume d'ombre en décrémentant le stencil buffer lorsque le test de stencil échoue.

Une fois ce rendu effectué, seul les zones d'ombres de la scène ont une valeur différente de la valeur de référence dans le tampon de stencil.

2.7. Dessin d'ombre

Afin de dessiner l'ombre, nous réactivons le tampon de couleur, on affichant un rectangle semi-transparent (figure 2.4 à gauche) qui couvre la totalité de l'écran par-dessus notre scène. Ce rectangle est de la couleur de l'ombre. On affiche tous les pixels du rectangle où la valeur de stencil est différente de la valeur de référence c'est -à-dire les parties non ombrés.

Figure 2.4 : Rectangle semi-transparent et volume d'ombre

3. Mise en œuvre

3.1. Environnement et langage de programmation utilisé

Après l'étude de nos besoins, nous avons choisi l'environnement de programmation Visual Studio 2005, et nous avons programmé notre application en utilisant le langage C++, notre choix est motivé par les faits suivants:

- Le langage de programmation C++ est un langage très puissant.
- Il offre la possibilité de programmer avec les classes et les objets (orienté objet).
- L'environnement Visual C++ donne des bons résultats au sens qualitatif.
- Facile d'intégrer les bibliothèques OpenGL [10] dans l'environnement Visual C++.

Pour la programmation graphique, nous avons choisi la bibliothèque graphique OpenGL qui permet de dessiner des objets graphiques, fenêtres, et menus à l'aide de l'ensemble des bibliothèques gl, glu, et glut.

Notre interface a été réalisée par la bibliothèque GLUT (OpenGL Utility Toolkit) [10] qui est une bibliothèque utilitaire, offrant un jeu de routines pour la gestion des fenêtres OpenGL et les interactions avec le système d'exploitation (gestion clavier, souris, etc.) indépendamment de celui-ci et du gestionnaire de fenêtres. Elle est essentiellement utilisée pour la création de programmes de démonstrations et d'interface.

Pour la programmation GPU, nous utilisant le langage GLSL qui est un langage permettant la programmation GPU de scènes OpenGL. Il a été développé par 3D Lab et approuvé par l'ARB (Architecture Review Board), l'organisme chargé de la standardisation d'OpenGL.

3.2. Le Stencil-Buffer

Stencil-Buffer est un tampon particulier dans OpenGL permettant de n'afficher que certaines portions de l'écran déterminées par l'utilisateur, il est utilisé dans toute sorte d'effets spéciaux dont les ombres volumiques [8].

3.2.1. Test de stencil buffer

Le test du stencil consiste à comparer une valeur de référence à celle contenue dans chaque pixel du tampon, à l'aide de la fonction **glStencilFunc**(GLenum **func**, GLint **ref**, GLuint **mask**) où :

- **Ref**: est la valeur de référence
- **Mask**: représente un masque de bits qui sera appliqué à la valeur de référence et à celle du tampon.
- Test du stencil: (**ref** & **mask**) **func** (**stencil** & **mask**).

La variable **func** peut prendre ces différents états :

- GL_NEVER : Le test est toujours faux;
- GL_ALWAYS : le test est toujours vrai;
- GL_LESS : le test est vrai si la valeur ref est strictement inférieure à celle du tampon;
- GL_GREATER : le test est vrai si la valeur ref est strictement supérieure à celle du tampon;

- GL_LEQUAL : le test est vrai si la valeur ref est inférieure ou égal à celle du tampon;
- GL_GEQUAL : le test est vrai si la valeur ref est supérieure ou égale à celle du tampon;
- GL_EQUAL : le test est vrai si la valeur ref est égale à celle du tampon;
- GL_NOTEQUAL : le test est vrai si la valeur ref est différente de celle du tampon.

3.2.2. Modification du Stencil

En fonction du résultat le tampon est modifié et le passage des fragments est affecté[8]. La fonction void **glStencilOp** (GLenum **fail**, GLenum **zfail**, GLenum **pass**) permet de déterminer la manière dont le stencil buffer sera modifiée fonction du résultat du test, ceci s'effectue comme suit:

- Le paramètre **Fail** est utilisé si le test échoue.
- Le paramètre **z-Fail** est utilisé si le test stencil et le test de profondeur échouent.
- Sinon c'est le paramètre **Pass** qui est utilisé.

Les paramètres Fail, z-Fail et Pass peuvent prendre les valeurs suivantes :

- GL_KEEP : La valeur dans le tampon est conservée;
- GL_ZERO : la valeur dans le tampon devient nulle;
- GL_REPLACE : La valeur du tampon est remplacée par la valeur deréférence;
- GL_INCR : la valeur du tampon est incrémentée de un;
- GL_DECR : la valeur du tampon est décrémentée de un;
- GL_INVERT : les bits de la valeur du tampon sont inversés

3.3. Algorithme général

L'application réalisée, dans le cadre de notre rapport, est basée sur deux concepts très importants. Le premier étant le rendu des volumes d'ombre basé sur les travaux de Franklin Crow [5] (version CPU) alors que le second aspect est celui de l'optimisation de cette technique en utilisant le GPU (version GPU).

L'algorithme du volume d'ombre exige 2 passages de rendu : un premier rendu de la scène sans ombre et avec uniquement la lumière ambiante et un deuxième passage de la scène où elle est rendue à nouveau avec le test de Stencil-Buffer permettant de mettre à jour uniquement les pixels étiquetés par le volume d'ombre.

Les étapes de l'algorithme pour la génération du volume d'ombre sont :

- Initialisation de l'environnement OpenGL et les shaders.
- Chargement de toutes les données de la scène (Modèle MD2, texture, shader..).
- Le rendu des volumes d'ombre en utilisant les Shaders.

Le rendu de la scène s'effectue en suivant les étapes suivantes:

- 1ère étape :

On affiche notre scène dans son intégralité mais sans ombre. Cet affichagemet à jour le tampon de profondeur qui sera utilisé dans l'étape 3.

- 2ème étape :

On désactive la mise à jour du tampon de profondeur et du tampon de couleur. On active le tampon de stencil avec une fonction de comparaison qui laisse passer tous les fragments.

- 3ème étape :

On affiche le volume d'ombre créé par les objets éclairés en deux passes en utilisant la technique de Z-Fail :

  - Lors de la 1ère passe, on affiche les faces arrière du volume d'ombre, en incrémentant le stencil buffer lorsque le test de stencil échoue.
  - Lors de la $2^{éme}$ passe, on affiche les faces avant du volume d'ombre en décrémentant le stencil buffer lorsque le test de stencil échoue.

Une fois ce rendu effectué, seules les zones d'ombres de la scène ont une valeur différente de la valeur de référence dans le tampon de stencil.

- 4ème étape :

Comme dans la méthode classique, on réactive le tampon de couleur. On affiche un rectangle semi-transparent qui couvre la totalité de l'écran par-dessus notre scène. Ce rectangle est de la couleur de l'ombre. On affiche tousles pixels du rectangle où la valeur de stencil est différente de la valeur de référence c'est-à-dire les parties non ombrés.

3.4. Description des structures des données

Pour implémenter les différents modules de notre application, nous avons utilisé les structures et les procédures de données suivantes :

- **Chargement des objets 3D :**

La fonction Load (const char* szFileName) s'occupe du chargement des objets 3D et des textures, elle s'effectue au démarrage de l'application. Nous commençons par charger le plan puis les objets 3D et leurs textures à partir des fichiers sous format MD2, et initialiser les variables.

Nous avons réutilisé le code pour charger les modèles MD2 de David HENRYtéléchargeable à partir du lien :

http://tfcduke.developpez.com/tutoriel/format/md2_specs/fichiers/md2.c, afin d'afficher nos modèles et de les intégrer dans la scène 3D, elle peut être écrite comme suit :

```
void Load(const char* szFileName)
{
initialisé le nombres des variables (nFrames, nVertices,
nTexCoords,nTriangles ,
nOpenGLCmds);
Allocation de mémoire;
return;
}
```

- **Les Variables :**

  ✓ **g_light_position** : Vecteur de 3 composants qui représente la position courante de la source lumineuse.

  ✓ **my_tile, my_skin** : Texture des objets 3D.

  ✓ **my_model** : Modèle 3D de type MD2.

- **Les méthodes**

  ✓ **void MoveLight (vertex&)** : cette méthode a pour objectif de changer la position de la lumière dans la scène, elle peut être écrite comme suit :

```
void MoveLight(vertex& light)
{
        staticfloat angle = 0.0f;
        staticfloat bob = 0.0f;

        angle = angle + 2.0f;
        bob   = bob + 10.0f;

        while (angle > 360.0f) angle = angle - 360.0f;
        while (angle <   0.0f) angle = angle + 360.0f;

        light[x] = 10.1f * cosf(angle * 0.017);
        light[z] = 30.1f * sinf(-angle * 0.017);
        light[y] = 42.0f + sinf(bob * 0.017);

        return;
}
```

✓ **void Initialize()** : cette méthode a pour objectif de initialiser toutes les composantes différentes de la scène, elle peut être écrite comme suit :

```
void Initialize()
{
  glClearColor(0.35f, 0.53f, 0.7f, 1.0f);
  glEnable(GL_DEPTH_TEST);
  /* Load in our shader. */

  my_shadow.Load("extrude.vertex", "extrude.fragment");
  my_shadow.Disable();

  my_tile.Load("floor_grey.bmp", false);
  my_skin.Load("../models/knight.bmp", false);

  my_model.Load("../models/knight.md2");
  my_model.Scale(0.25f);
  my_model.Translate(0.0f, he / 4.0f, 8.0f);
  my_model.SetAnimation(STAND);
  my_model.GenerateShadowVolume();

  return;
}
```

✓ **void RenderFloor()** : cette méthode a pour objectif de dessiner le terrain   de la scène, elle peut être écrite comme suit :

```
Void RenderFloor(bool t)
{
static texture_normal_vertex quad[4] =
{
/*      tu     tv     nx     ny     nz      x      /      z */
  { 0.0f, 1.0f, 0.0f, 1.0f, 0.0f, -80.0f, -1.0f, -100.0f },
  { 1.0f, 1.0f, 0.0f, 1.0f, 0.0f,  80.0f, -1.0f, -100.0f },
  { 0.0f, 0.0f, 0.0f, 1.0f, 0.0f, -80.0f, -1.0f,  100.0f },
  { 1.0f, 0.0f, 0.0f, 1.0f, 0.0f,  80.0f, -1.0f,  100.0f }
};
}
```

✓ **void IllustrateScene()** : cette méthode a pour objectif de dessiner la scène pour chaque frame, c'est la boucle de rendu qui est exécuté à l'infini, elle peut être écrite comme suit :

```
void IllustrateScene()
{
float t = clock() / 1000.0f;
/* Initialise toutes les valeurs à zéro.*/
  glClear(GL_COLOR_BUFFER_BIT | GL_DEPTH_BUFFER_BIT |
  GL_STENCIL_BUFFER_BIT);

  MoveLight(g_light_position);


  /*   Premier rendu de la scène */

  glPushMatrix();
    {
      RenderFloor(true);
      my_shader.Enable();
```

```
my_shader.Bind("light_position", g_light_position, 3);
    my_skin.Bind();
    my_model.Render(t);
    my_shader.Disable();
}
glPopMatrix();

/* Activer le test du Stencil  */
glEnable(GL_STENCIL_TEST);

/* GL_STENCIL_TEST_TWO_SIDE_EXT :permet de ne rendre que les
faces avants et arrières une seule fois dans le stencil
buffer  */
glEnable(GL_STENCIL_TEST_TWO_SIDE_EXT);

/* Ne pas modifier framebuffer c.a.d. ne pas écriture dans
le Tampon */
glColorMask(GL_FALSE, GL_FALSE, GL_FALSE, GL_FALSE);

/* quadrilatère face arrière  */
glActiveStencilFaceEXT(GL_BACK);

/* comparer une valeur de référence à celle contenue dans
chaque pixel du tampon. */
/*GL_ALWAYS : le test est toujours vrai;  */
glStencilFunc(GL_ALWAYS, 0, 0xFFFFFFFF);

/* glStencilOp: permet de déterminer la manière dont le
stencil buffer sera modifié en fonction du résultat du test.
*/
/* GL_KEEP : La valeur dans le tampon est conservée;  */
/* GL_INCR_WRAP_EXT : la valeur du tampon est incrémentée de un;*/
glStencilOp(GL_KEEP, GL_INCR_WRAP_EXT, GL_KEEP);

/* quadrilatère Face avant  */
glActiveStencilFaceEXT(GL_FRONT);
glStencilFunc(GL_ALWAYS, 0, 0xFFFFFFFF);
glStencilOp(GL_KEEP, GL_DECR_WRAP_EXT , GL_KEEP);


/*-----------     Deuxième rendu de la scène.  -----------
*/


/*Détection et extrusion de la silhouette en utilisant les
shaders.*/
    glPushMatrix();
    {
my_shadow.Bind("light_position", g_light_position, 3);
my_model.RenderShadowVolume
my_shadow.Disable();

    }
    glPopMatrix();


/* Réactiver l'écriture dans le Tampon  */
glColorMask(GL_TRUE, GL_TRUE, GL_TRUE, GL_TRUE);
```

```
/* quadrilatère Face avant */
glActiveStencilFaceEXT(GL_FRONT);

/* GL_NOTEQUAL : le test est vrai si la valeur ref est
différente de celle du tampon.*/

glStencilFunc(GL_NOTEQUAL, 0, 0xFFFFFFFF);
glStencilOp(GL_KEEP, GL_KEEP, GL_KEEP);


/* quadrilatère Face arrière */
glActiveStencilFaceEXT(GL_BACK);
        /* GL_NOTEQUAL : le test est vrai si la valeur ref est
        différente de celle du tampon.*/
glStencilFunc(GL_NOTEQUAL, 0, 0xFFFFFFFF);
glStencilOp(GL_KEEP, GL_KEEP, GL_KEEP);


/* Mélanger (Blending) le volume d'ombre dans la scène en
rendant un rectangle couvrant l'écran entier. Affichage du
gris aux zones d'ombre */

    glPushMatrix();
    {
        glEnable(GL_BLEND);
        glBlendFunc(GL_SRC_ALPHA, GL_ONE_MINUS_SRC_ALPHA);
        glColor4f(0.1f, 0.1f, 0.1f, 0.5f); /* Shadow color. */

        glLoadIdentity();
        glBegin(GL_TRIANGLE_STRIP);
            glVertex3f(-8.0f,  4.0f, -4.0f);
            glVertex3f(-8.0f, -4.0f, -4.0f);
            glVertex3f( 8.0f,  4.0f, -4.0f);
            glVertex3f( 8.0f, -4.0f, -4.0f);
        glEnd();

        glDisable(GL_BLEND);
    }
    glPopMatrix();

    glDepthMask(GL_TRUE);
    glDisable(GL_STENCIL_TEST);
    glDisable(GL_STENCIL_TEST_TWO_SIDE_EXT);
/* Render the light source position. */
glPushMatrix();
    {
        glColor4f(1.0f, 1.0f, 0.0f, 1.0f);
        glTranslatef(g_light_position[x], g_light_position[y],
        g_light_position[z]);
        glBegin(GL_POINTS);
            glVertex3f(0.0f, 0.0f, 0.0f);
        glEnd();
    }
    glPopMatrix();


if (g_extrude != false)
    {
```

```
/* Render the outline of the shadow volume. */
glPushMatrix();
    {
      glPolygonMode(GL_FRONT_AND_BACK, GL_LINE);
      my_shadow.Bind("light_position", g_light_position.m, 3);
      my_model.RenderShadowVolume();
         my_shadow.Disable();
         glPolygonMode(GL_FRONT_AND_BACK, GL_FILL);
    }
  glPopMatrix();
    }

    glutSwapBuffers();
  fps();
  return;
    }
```

- **Activation des Shaders**: cette méthode a pour objectif d'activer les shaders à partir de deux fichiers (**extrude.Vertex et extrude.fragment**), elle peut être écrite comme suit :

➢ Le code de « extrude.vertex » :

```
uniform vec3 light_position;
#define EXTRUSION_FACTOR 100.0
void main()
{
/* gl_Vertex= Position du sommet courant.*/
    vec4 position = gl_Vertex;
    vec3 light_direction = normalize(light_position - position.xyz);
/*dot ( x, y) : Retourne le produit scalaire de x et y */
    float NdotL = max(dot(gl_Normal, light_direction), 0.0);

  /* Vérifier que la normale ne fait pas face à la lumière avant
  l'extrusion */
if (NdotL <= 0.0)
  {
/* Extrude it. */
      position = position + (position - vec4(light_position, 1.0))
      * EXTRUSION_FACTOR;


  }
/* gl_Position = Position en coordonnées écran du sommet */
    gl_Position = gl_ModelViewProjectionMatrix * position;
}
```

➢ Le code de « extrude. Fragment » :

```
Voidmain ()
{
gl_FragColor = vec4 (1.0f, 0.0f, .0f, 1.0f);
}
```

4. Conclusion

Nous avons vu dans cette partie, la description de notre application, où nous avons défini l'objectif de l'application et ses différents modules, ensuite nous avons cité quelques fonctions constituant le volume d'ombre. La partie suivante est consacrée pour présenter quelques résultats obtenus par notre application.

Chapitre 3

Résultats, Bilan et perspectives

1. Introduction

Cette partie a pour objectif de présenter les différents résultats obtenus durant l'étape de réalisation de notre application. Les spécifications matérielles qui permettent d'obtenir ces résultats sont :

- Type de processeur : inter® Core ™ 2DUO CPU P8600 @ 2.40GHz 2.39GHz
- Capacité de la RAM : 4.00Go
- La carte graphique : NVIDIA GeFoce 9600M GT,250MG
- Système d'exploitation : Windows 7, familiale premium édition 32bits

2. Résultats

Dans cette partie nous allons présenter un ensemble de résultats permettant de valider le modèle utilisé pour le volume d'ombre dans une scène tridimensionnelle. Nous allons dans ce qui suit valider et tester notre application pour des cas particuliers où le volume d'ombre est généré de différentes manières.

Figure 3.1. Chargement des objets 3D et du terrain.

Figure.3.2. Rendu de la scène avec la lumière ambiante et sans ombres.

Figure 3.3. Rendu du volume d'ombre, et extrusion de silhouette en utilisant le GPU.

Figure 3.4. Affichage d'un rectangle semi-transparent qui couvre la totalité de l'écran
(image de gauche), le rendu final du volume d'ombre (image de droite).

Figure 3.5. La caméra dans le volume d'ombre

Figure 3.6. La caméra dans le volume d'ombre avec extrusion

Figure 3.7. Rendu avec 3 sources de lumières

3. Discussions

Les résultats obtenus et qui sont illustré dans la section précédente montre une représentation des volumes d'ombre avec multiple source lumineuses (ponctuelle),

Les travaux présentés dans ce chapitre montrent que le calcul des volumes d'ombre peut être effectué en tout point d'une image sans sacrifier la vitesse du rendu. L'efficacité de notre approche repose d'une part sur la vitesse du GPU. Contrairement aux autres méthodes, où le calcul du volume d'ombre exige un calcul sur le CPU.

4. Conclusion et Perspectives

Dans ce chapitre on a décrit les outils de réalisation du notre système , en présentant l'environnement matériel et logiciel exploité, dont le choix de l'environnement s'est porté sur le volume d'ombre avec multiple source lumineuses ,puis nous avons montré quelques résultats obtenus par notre application.

Pour les perspectives nous proposant :

1. Utiliser une interface MFC au lieu d'une interface Glut pour faciliter l'interaction avec l'application.
2. Essayée de rendu la scène et leurs objets dans la nuit avec la lune comme une source de lumière.
3. Changer la source lumineuse ponctuelle par une source surfacique, afin de générer des ombres douces.
4. Changer les modèles MD2 par d'autres modèles 3D comme par exemple les modèles Obj, 3DSMAX , MD3... etc.
5. Proposé une méthode hybride en utilisant les deux technique du rendu des ombres (volume d'ombre et la carte d'ombre).

Conclusion générale

Dans notre travail nous avons présenté le rendu des volumes d'ombre dans des scènes 3D, avec multiple source de lumières en utilisant les performance des cartes graphiques.

En effet les volumes d'ombre jouent un rôle fondamental dans le réalisme d'une scène 3D. Les domaines d'application du rendu des volumes d'ombre sont très variés et intéressent plusieurs disciplines comme les jeux vidéo, et les films d'animations 3D.

Nous avons ensuite effectué une études théorique sur les volumes d'ombre en synthèse d'images et spécifiquement dans le domaine du rendu des ombres en temps réel, cette étude nous a permis de proposer et de réaliser une application sur les volumes d'ombre.

En réalisant ce travail, nous avons pu acquérir :

1. Des connaissances sur le rendu des ombres et en particulier le rendu des volumes d'ombre.
2. Des idées générales sur l'utilisation des textures et sur le chargements des objets 3D.
3. Quelques techniques d'illumination de volume d'ombre.
4. L'utilisation de la programmation GPU.

L'utilisation des bibliothèques graphiques et des shaders dans les algorithmes de synthèse permet d'optimiser ces algorithmes que ce soit dans le temps de calcul ou dans notre système pour habiller et éclairer une scène de synthèse avec les ombres.

Pour montrer le fruit de notre travail, nous avons consacré, tout un chapitre (résultats et expérimentation) pour bien présenter les résultats obtenus qui étaient satisfaisants et encourageants.

Références bibliographiques

[1]   Timo Aila et Tomas Akenine - Möller: "Ahierarchical shadow volume algorithm".
        In Proceedings of Graphics Hardware 2004, pages 15–23. Eurographics,
        Eurographics Association, 2004.

[2]   Graham Aldridgeet Eric Woods:» Robust, geometry-independent shadowvolumes".
        In Proc. 2nd International Conference on Computer graphics andInteractive
        Techniques in Australasia and Southeast Asia (Graphite), volume2, pages250–
        253.ACM, ACM Press, June 2004.

[3]   John carmack,"on shadow volumes", 2000. URL http://developer.nvid-ia.com/
        attach/5628.

[4]   Eric Chanet Frédo Durand:"An efficient hybrid shadow rendering algorithm".
        In Proc. Eurographics Symposium on Rendering, pages 185–195.Eurographics,
        Eurographics Association,2004.

[5]   F.C. Crow. Shadow algorithms for computer graphics .ACM SIGGRAPH Computer
        Graphics, 11(2):248, 1977.

[6]   David Henry." Le format MD2",2004.URL http://tfcduke.developpez

        n.com/tutorial/format/md2/.

[7]   Brandon Lloyd, Jeremy Wend, Naga K. Govindaraju and DineshManocha."Cc
        Shadowvolumes". In Rendering Techniques,In Proc.Eurographics Symposium
        on Rendering. Eurographics, Eurographics Association, pages 197.206,2004.

[8]   Marc Neveu "Les tampons :Frame Buffer, Stencil Buffer, Depth Buffer,
       Accumulation Buffer et autres buffers", UFR Sciences et Techniques Serveur
       Pédagogique;2008.URL:http://ufrsciencestech.u- bourgogne.fr /m2via/MGSI/
       /Stencil%20Buffer.ppt.

[9]   Michael Schwärzler. "Accurate Soft Shadows in Real-TimeApplications".
       Février2009.

[10]   Dave Shreiner, Dave Shreiner, Graham Sellers, John M. Kessenich, Bill M. Licea-
       Kane. OpenGL Programming Guide: The Official Guide to Learning OpenGL,
       Version 4.3, Edition : Addison Wesley. 2012

[11]   Daniel Thalmann " INFOGRAPHIE ", Ecole Polytechnique Fédérale de
       Lausanne, Mars 2003.

[12]   Lance Williams. Casting curved shadows on curved surfaces. ACM SIGGRAPH
       Computer Graphics, 12(3):270{274, 1978}.